Simplified Characters Version

# CHINESE MADE FOR KIDS
## 轻松学汉语 少儿版

# 3

## 补充练习
# Worksheets

Yamin Ma

Joint Publishing (H.K.) Co., Ltd.
三联书店（香港）有限公司

# Chinese Made Easy for Kids (Worksheets 3)
Yamin Ma

| | |
|---|---|
| Editor | Zhang Chengzi |
| Cover design | Arthur Y. Wang, Zhong Wenjun |
| Graphic design | Zhong Wenjun |
| Typeset | Zhou Min |

Published by
JOINT PUBLISHING (H.K.) CO., LTD.
Rm. 1304, 1065 King's Road, Quarry Bay, Hong Kong

Distributed in Hong Kong by
SUP PUBLISHING LOGISTICS (HK) LTD.
3/F., 36 Ting Lai Road, Tai Po, N.T., Hong Kong

First published June 2011
Copyright ©2011 Joint Publishing (H.K.) Co., Ltd.

All rights reserved. No part of this book may be reproduced, stored in a retrieval system, or transmitted, in any form or by any means, electronic, mechanical, photocopying, recording or otherwise, without prior permission in writing from the Publishers.

You can contact us via the following:
Tel: (852) 2525 0102, (86) 755 8343 2532
Fax: (852) 2845 5249, (86) 755 8343 2527
Email: publish@jointpublishing.com
http://www.jointpublishing.com/cheasy/

## 轻 松 学 汉 语  少儿版（补充练习三）

编　著　马亚敏

责任编辑　张橙子
封面设计　王　宇　钟文君
版式设计　钟文君
排　版　周　敏

出版发行　三联书店（香港）有限公司
　　　　　香港鲗鱼涌英皇道1065号1304室
香港发行　香港联合书刊物流有限公司
　　　　　香港新界大埔汀丽路36号3字楼
印　刷　深圳市恒特美印刷有限公司
　　　　　深圳市宝安区龙华民治横岭村恒特美印刷工业园
版　次　2011年6月香港第一版第一次印刷
规　格　大16开（210×280mm）68面
国际书号　ISBN 978-962-04-2807-4

© 2011 三联书店（香港）有限公司

# 前言

本书为教师和学生提供了可复印使用的补充练习。

书中选用了各种形式的题型,既可以供教师在课堂上当作练习用,也可以作为考卷用来测试学生对每课的掌握程度。

教师可根据学生掌握的水平对每课练习作相应的补充或调整。

学生也可以自己在课后使用本书,巩固所学的知识。

作者<br>
2011年5月

# 目录

第一课 ...... 1

第二课 ...... 5

第三课 ...... 9

第四课 ...... 13

第五课 ...... 17

第六课 ...... 21

第七课 ...... 25

第八课 ...... 29

第九课 ...... 33

第十课 ...... 37

第十一课 ...... 41

第十二课 ...... 45

第十三课 ...... 49

第十四课 ...... 53

第十五课 ...... 57

第十六课 ...... 61

# 第一课

## A  Write the characters.

1) father — bà / ba
2) mother — mā / ma
3) older brother — gē / ge
4) older sister — jiě / jie
5) younger brother — dì / di
6) younger sister — mèi / mei

## B  Write a character for each radical.

1) 夕:
2) 女:
3) 阝:
4) 宀:
5) 亻:
6) 母:
7) 夂:
8) 口:

## C  Find and circle the phrases.

| gōng | zuò | jiù | jiu | jīn |
|---|---|---|---|---|
| 工 | 作 | 舅 | 舅 | 今 |
| zài | nǎi | tóng | xiǎo | tiān |
| 在 | 奶 | 同 | 小 | 天 |
| jiā | nai | xué | xiào | yí |
| 家 | 奶 | 学 | 校 | 姨 |
| nán | shēng | yé | ye | mā |
| 男 | 生 | 爷 | 爷 | 妈 |

1) work ✓
2) uncle (maternal)
3) aunt (maternal)
4) at home
5) school
6) classmates
7) boy student

# 第一课

**A** Find the common part and then write it out.

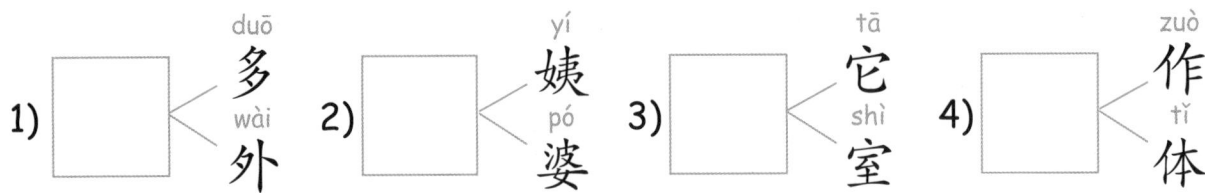

1) ☐ ← 多 / 外 (duō / wài)
2) ☐ ← 姨 / 婆 (yí / pó)
3) ☐ ← 它 / 室 (tā / shì)
4) ☐ ← 作 / 体 (zuò / tǐ)

**B** Fill in the blanks with the words in the box.

| chī | hē | dài | shàng bān | zuò | kàn | gōng zuò | yǎng |
| 吃 | 喝 | 带 | 上班 | 坐 | 看 | 工作 | 养 |

1) 你爸爸每天怎么_____? (nǐ bà ba měi tiān zěn me)

2) 弟弟喜欢_____可乐。 (dì di xǐ huan ___ kě lè)

3) 哥哥常常去_____电影。 (gē ge cháng cháng qù ___ diàn yǐng)

4) 妈妈星期天_____我们去动物园。 (mā ma xīng qī tiān ___ wǒ men qù dòng wù yuán)

5) 我午饭_____三明治。 (wǒ wǔ fàn ___ sān míng zhì)

6) 我每天_____校车上学。 (měi tiān ___ xiào chē shàng xué)

7) 我想_____一只小白兔。 (wǒ xiǎng ___ yì zhī xiǎo bái tù)

8) 我姨妈和舅舅都_____。 (wǒ yí mā hé jiù jiu dōu)

**C** Write the radicals.

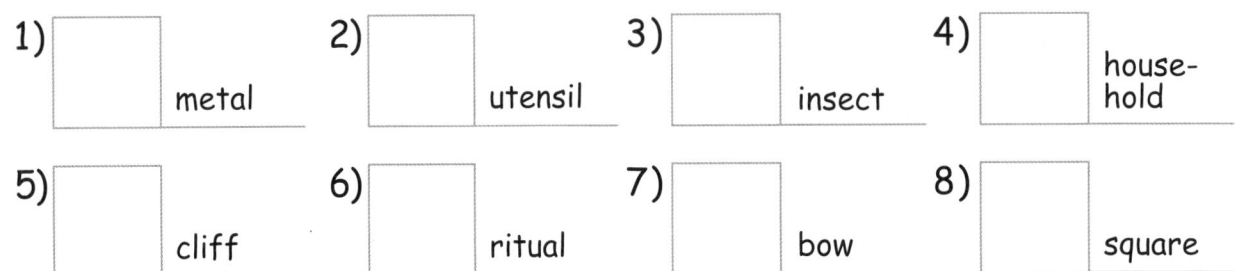

1) ☐ metal
2) ☐ utensil
3) ☐ insect
4) ☐ household
5) ☐ cliff
6) ☐ ritual
7) ☐ bow
8) ☐ square

# 第一课

**A** Write the characters if you can, otherwise use pinyin.

**Answers:**

a) 猴子 (hóu zi)
b) 兔子 (tù zi)
c) 马 (mǎ)
d) 狗 (gǒu)
e) 鱼 (yú)
f) 蛇 (shé)
g) 猫 (māo)
h) 老虎 (lǎo hǔ)
i) 大象 (dà xiàng)
j) 狮子 (shī zi)
k) 熊猫 (xióng māo)
l) 鸟 (niǎo)

1) 2) 3) 4) 5) 6) 7) 8) 9) 10) 11) 12)

**B** Complete the sentences.

1) 我家住在_____。
   (wǒ jiā zhù zài)

2) 我家的电话号码是_____。
   (wǒ jiā de diàn huà hào mǎ shì)

# 1-4　第一课

**A　Write the characters.**

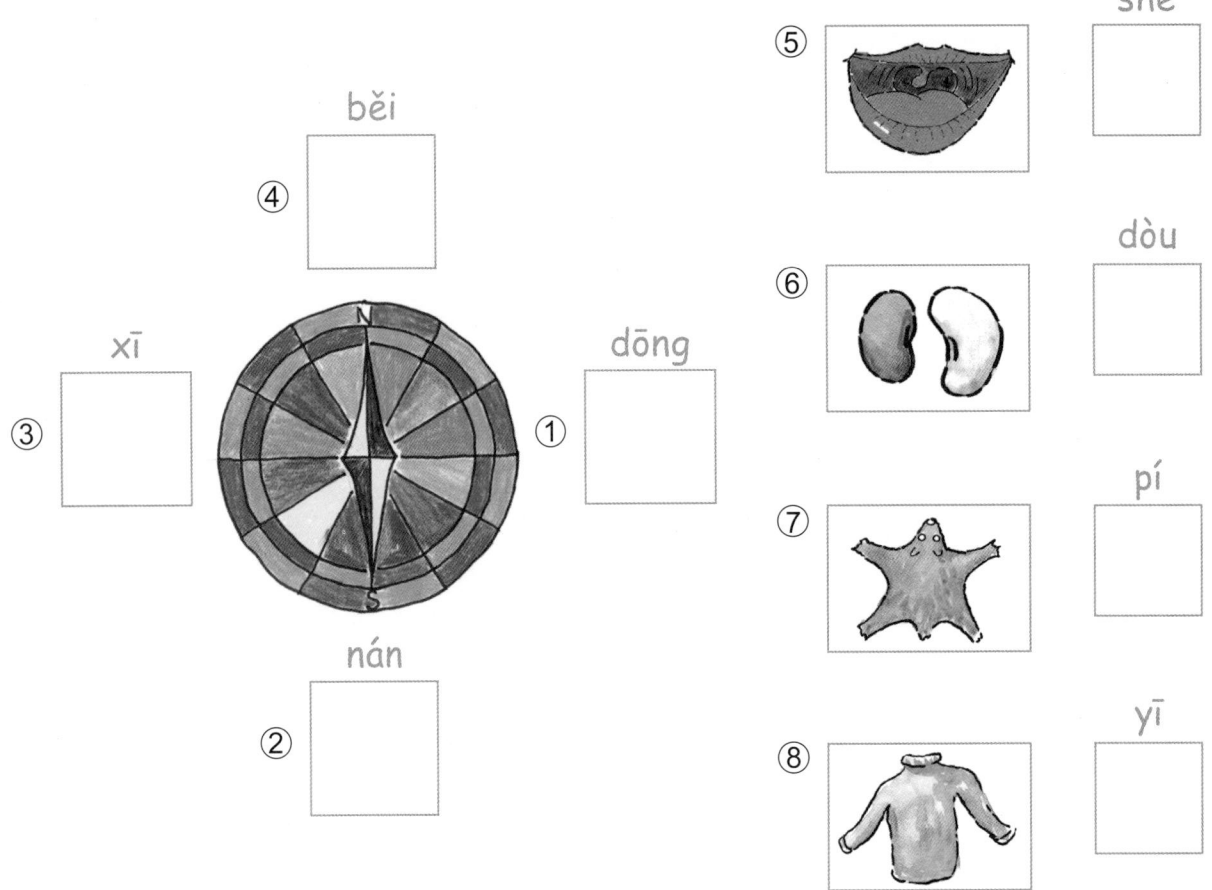

**B　Fill in the blanks with the words in the box.**

| zuò | yǎng | yǒu | xǐhuan | xiǎng | qí | gōngzuò |
| 坐 | 养 | 有 | 喜欢 | 想 | 骑 | 工作 |

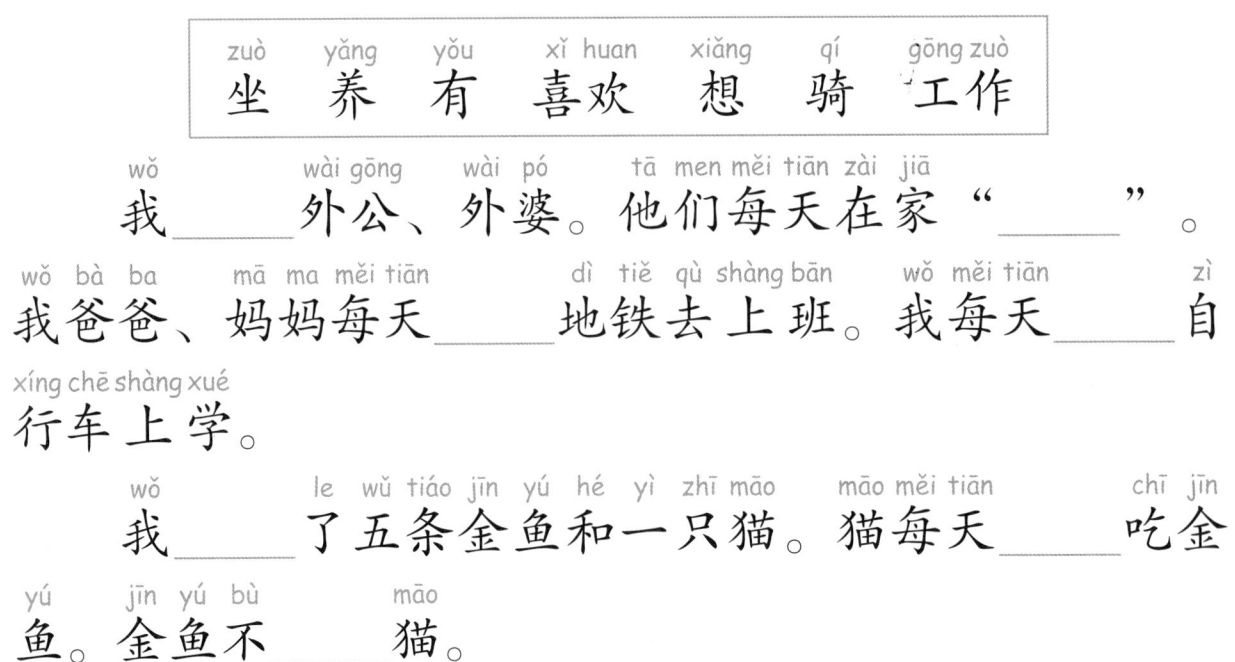

# 第二课

**Maze: find the sentences and write them out.**

1) 

| wǒ | bà | ba | dà | yǎn | jīng |
|---|---|---|---|---|---|
| 我 | 爸 | 爸 | 大 | 眼 | 睛 |
| wǒ | jiù | jiu | dài | yǎn | jìng |
| 我 | 舅 | 舅 | 戴 | 眼 | 镜 |

→ My father wears glasses.

我爸爸戴眼镜。

2) 

| jiě | jie | de | tóu | fa | cháng |
|---|---|---|---|---|---|
| 姐 | 姐 | 的 | 头 | 发 | 长 |
| wǒ | de | tuǐ | cháng | cháng | de |
| 我 | 的 | 腿 | 长 | 长 | 的 |

→ My older sister has long legs.

3) 

| mā | ma | de | yǒu | zhí | tóu | fa |
|---|---|---|---|---|---|---|
| 妈 | 妈 | 的 | 有 | 直 | 头 | 发 |
| tā | de | tóu | fa | juǎn | juǎn | de |
| 她 | 的 | 头 | 发 | 卷 | 卷 | 的 |

→ Mother's hair is curly.

4) 

| wǒ | de | gè | zi | ǎi |
|---|---|---|---|---|
| 我 | 的 | 个 | 子 | 矮 |
| gē | ge | de | bù | gāo |
| 哥 | 哥 | 的 | 不 | 高 |

→ I am not tall.

## 2-2  第二课

**A  Find the opposite words in the box and write them out.**

| ǎi | shǎo | xià | duǎn | xiǎo | tiān | qù | qū | wài |
|---|---|---|---|---|---|---|---|---|
| 矮 | 少 | 下 | 短 | 小 | 天 | 去 | 曲 | 外 |

1) shàng 上 → _____
2) cháng 长 → _____
3) gāo 高 → _____

4) lǐ 里 → _____
5) duō 多 → _____
6) dà 大 → _____

7) zhí 直 → _____
8) lái 来 → _____
9) dì 地 → _____

**B  Answer the questions.**

1) nǐ yǒu jǐ ge péng you
   你有几个朋友？ _____

2) nǐ de gè zi gāo ma
   你的个子高吗？ _____

3) nǐ de tóu fa cháng ma
   你的头发长吗？ _____

4) nǐ dài yǎn jìng ma
   你戴眼镜吗？ _____

5) nǐ xiàn zài zhù zài nǎr
   你现在住在哪儿？ _____

6) nǐ jiā de diàn huà hào mǎ shì duō shao
   你家的电话号码是多少？ _____

## 第二课

**A** Find the words in the box to make phrases.

| yǎn | jīng | tóu |
|---|---|---|
| 眼 | 京 | 头 |
| gōng | yǒu | zi |
| 工 | 友 | 子 |
| xiàn | shàng | tiān |
| 现 | 上 | 天 |

1) 朋 __(友)__   péng yǒu
2) __(眼)__ 镜   yǎn jìng
3) 个 __(子)__   gè zi
4) 北 __(京)__   běi jīng
5) 每 __(天)__   měi tiān
6) __(工)__ 作   gōng zuò
7) __(现)__ 在   xiàn zài
8) __(头)__ 发   tóu fa
9) __(上)__ 海   shàng hǎi

**B** Write the characters if you can, otherwise use pinyin.

Answers:
a) 眼睛  yǎn jing
b) 鼻子  bí zi
c) 耳朵  ěr duo
d) 手    shǒu
e) 脚    jiǎo
f) 嘴巴  zuǐ ba
g) 腿    tuǐ
h) 头发  tóu fa
i) 牙齿  yá chǐ

1)
2)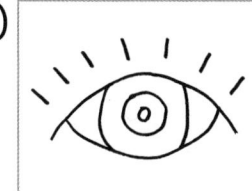
3)
4)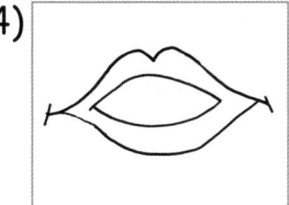
5)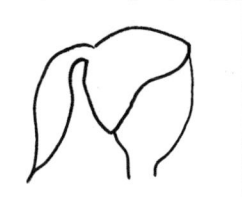
6)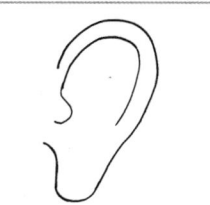
7)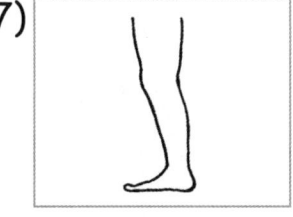
8)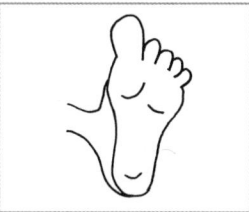
9)

## 2-4

### 第二课

**A  Join the parts to make characters and then write down their meanings.**

| Radicals | Parts |
|---|---|
| 矢 月 目 钅 夕 亻 宀 女 | 也 乍 屈 竟 卜 匕 退 艮 |

1) 短  short
2) 
3) 
4) 
5) 
6) 
7) 
8) 

**B  Fill in each box with the correct character.**

戴　叫　两　矮　短　现　高　和　年　卷

wǒ ☐ jiào wáng tiān yī, shàng sì ☐ nián jí。 wǒ yǒu ☐ liǎng ge péng you:
我 ☐ 叫 王 天 一，上 四 ☐ 级。 我 有 ☐ 个 朋 友：

xiǎo hóng ☐ hé xiǎo guāng。 xiǎo hóng gè zi bù ☐ gāo。 tā de tóu fa hěn
小 红 ☐ 小 光。 小 红 个 子 不 ☐。 她 的 头 发 很

☐ juǎn。 tā ☐ dài yǎn jìng。 xiǎo guāng de gè zi hěn ☐ ǎi, tóu fa hěn ☐ duǎn。
☐。 她 ☐ 眼 镜。 小 光 的 个 子 很 ☐，头 发 很 ☐。

xiǎo hóng ☐ xiàn zài zhù zài shàng hǎi, xiǎo guāng zhù zài běi jīng。
小 红 ☐ 在 住 在 上 海，小 光 住 在 北 京。

# 第三课

**A** Add a part to complete each character.

1) xié 革  2) lián 车  3) qún 君  4) wà 衤

5) duǎn 矢  6) kù 衤  7) hàn 氵  8) liáng 冫

**B** Rearrange the words/phrases to make sentences and write them out.

1) lián yī qún / jiě jie / chuān / jīn tiān
连衣裙/姐姐/穿/今天/。

→ _____

2) dì di / hé / hàn shān / jīn tiān / chuān / duǎn kù
弟弟/和/汗衫/今天/穿/短裤/。

→ _____

3) jiǎo shang / mèi mei / liáng xié / chuān
脚上/妹妹/凉鞋/穿/。

→ _____

4) bú / bà ba / yǎn jìng / dài
不/爸爸/眼镜/戴/。

→ _____

3-2

第三课

**Write or complete the characters.**

dà　yī

| 大 | 衣 |

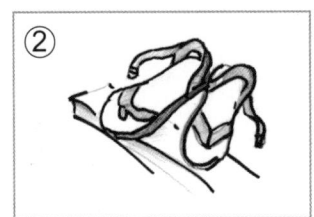

liáng　xié

| 冫 | 圭 |

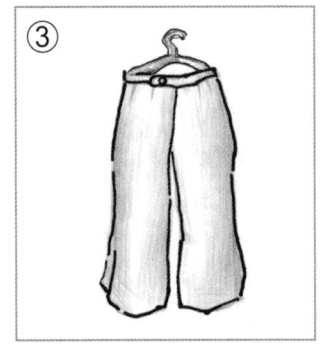

cháng　kù

|   | 衤 |

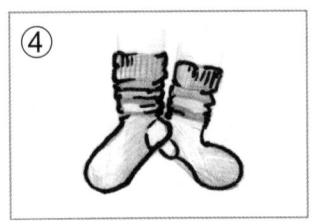

wà　zi

| 末 |   |

duǎn　kù

| 豆 | 库 |

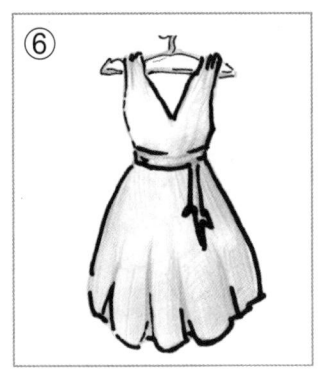

lián　yī　qún

| 之 |   | 君 |

hàn　shān

| 氵 | 衤 |

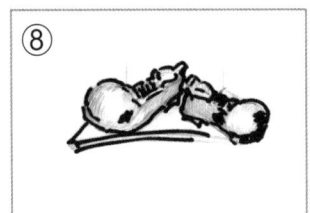

pí　xié

|   | 革 |

xiào　fú

| 交 | 艮 |

chèn　shān

| 寸 | 衤 |

xiào　fú

| 交 | 艮 |

# 第三课

**A** Answer the questions.

1) 你喜欢穿什么？ _____
   nǐ xǐ huan chuān shén me

2) 你不喜欢穿什么？ _____
   nǐ bù xǐ huan chuān shén me

3) 你今天穿什么？ _____
   nǐ jīn tiān chuān shén me

4) 你穿校服上学吗？ _____
   nǐ chuān xiào fú shàng xué ma

**B** Connect the matching words.

1) 穿 (chuān) • • a) 眼镜 (yǎn jìng)
2) 戴 (dài) • • b) 自行车 (zì xíng chē)
3) 说 (shuō) • • c) 短裤 (duǎn kù)
4) 骑 (qí) • • d) 钢琴 (gāng qín)
5) 弹 (tán) • • e) 汉语 (hàn yǔ)
6) 坐 (zuò) • • f) 鸡蛋 (jī dàn)
7) 炒 (chǎo) • • g) 渡船 (dù chuán)

**C** Fill in the correct characters to make phrases.

1) ☐(cháng) 裤(kù)

2) ☐(lián) 衣裙(yī qún)

3) 凉(liáng) ☐(xié)

4) ☐(wà) 子(zi)

5) ☐(hàn) 衫(shān)

# 第三课

## A Write the characters.

① zhí　②　qū　③　yún　④　shí

⑤ huǒ　⑥　jīn　⑦　tóu　⑧　shǒu

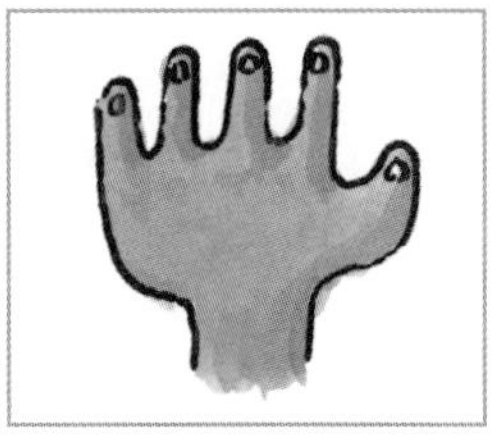

## B Fill in the blanks with the words in the box.

| hēi | wà zi | chuān | duǎn kù | jīn tiān | jiǎo shang |
| 黑 | 袜子 | 穿 | 短裤 | 今天 | 脚上 |

wǒ xǐ huan　　　　hàn shān hé　　　　　　chuān liáng xié　wǒ
我喜欢_____ 汗衫和_____，_____穿 凉鞋。我_____

chuān lián yī qún　jiǎo shang chuān bái　　hé　　　pí xié
穿 连衣裙，脚上 穿 白_____和_____皮鞋。

# 第四课

**A** Fill in the blanks with the words in the box.

| chuān | dài | dài |
|---|---|---|
| 穿 | 戴 | 带 |

1) 弟弟喜欢____手套和围巾。
   (dì di xǐ huan / shǒu tào hé wéi jīn)

2) 哥哥今天没有____帽子。
   (gē ge jīn tiān méi yǒu / mào zi)

3) 我今天____毛衣和长裤，脚上____皮鞋。
   (wǒ jīn tiān / máo yī hé cháng kù / jiǎo shang / pí xié)

4) 爸爸一般星期天____我去图书馆。
   (bà ba yì bān xīng qī tiān / wǒ qù tú shū guǎn)

5) 姐姐今天____外套和牛仔裤。
   (jiě jie jīn tiān / wài tào hé niú zǎi kù)

**B** Highlight the sentences in different colours. Write down the meaning of each sentence.

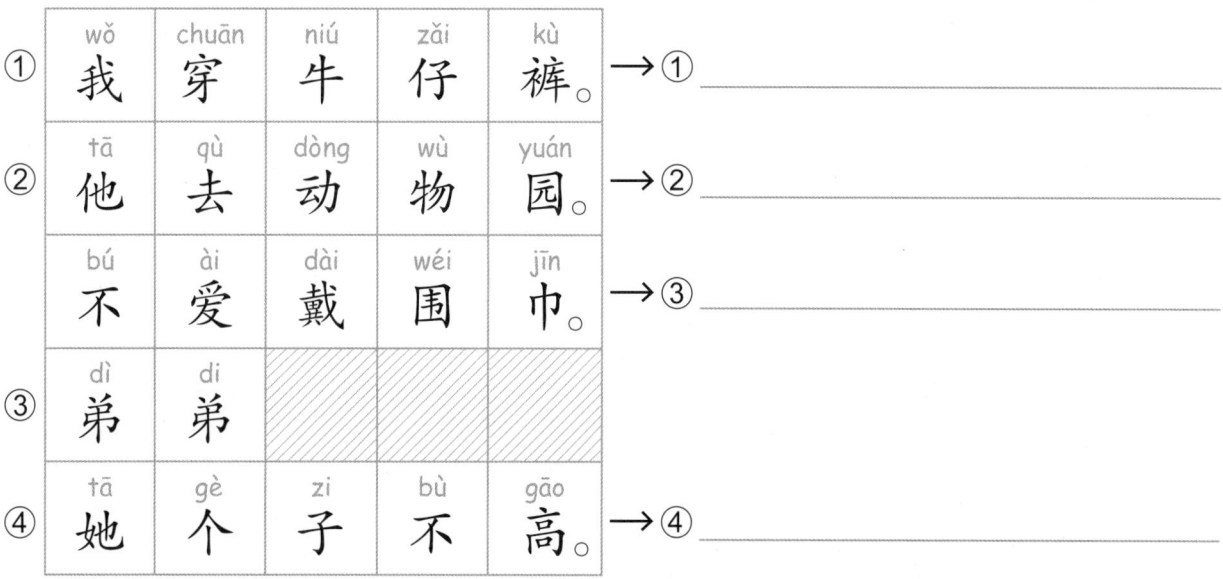

# 4-2

## 第四课

**A** Write two characters for each radical.

1) 衤：
2) 氵：
3) 亻：
4) 辶：
5) 矢：
6) 目：

**B** Fill in the blanks with the words in the box.

| yǒu | chuān | dài | zhù | gōng zuò | chī |
|---|---|---|---|---|---|
| 有 | 穿 | 戴 | 住 | 工作 | 吃 |

1) 我今天 _____ 外套和牛仔裤。
   wǒ jīn tiān    wài tào hé niú zǎi kù

2) 我不喜欢 _____ 帽子和手套。
   wǒ bù xǐ huan    mào zi hé shǒu tào

3) 我 _____ 三个好朋友。
   wǒ    sān ge hǎo péng you

4) 我姑姑现在 _____ 在北京。
   wǒ gū gu xiàn zài    zài běi jīng

5) 我叔叔不 _____ 。
   wǒ shū shu bù

6) 我爷爷喜欢 _____ 炒饭。
   wǒ yé ye xǐ huan    chǎo fàn

# 第四课

**Write or complete the characters.**

①

liáng xié

| 冫 | 革 |

②

máo yī

|   |   |

③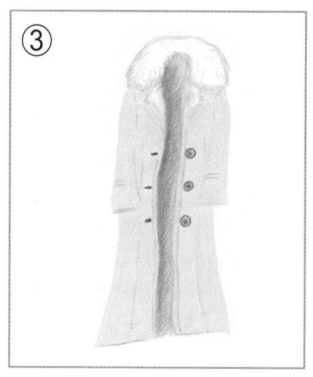

dà yī

|   |   |

④

wài tào

| 夕 | 长 |

⑤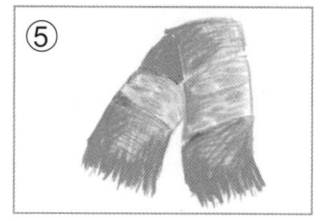

wéi jīn

| 韦 |   |

⑥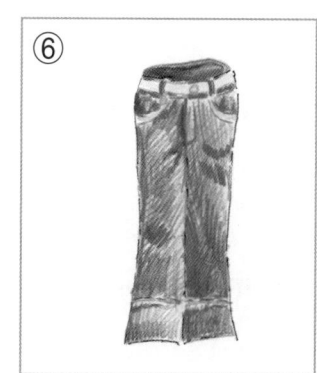

niú zǎi kù

|   |   | 库 |

⑦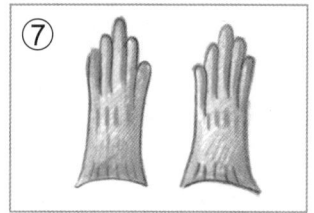

shǒu tào

|   | 大 |

⑧

mào zi

| 巾 |   |

⑨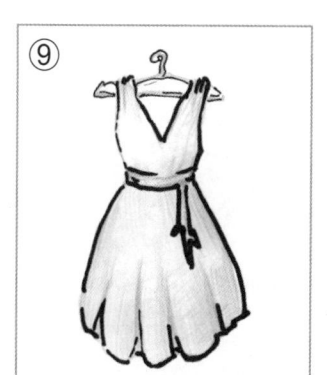

lián yī qún

| 车 | 衤 |   |

4-3

15

# 4-4

## 第四课

**A  Circle the pinyin for the words on the right.**

| m | p | i | x | i | e | w |   | s |
|---|---|---|---|---|---|---|---|---|
| i | a |   | i | d | q | a | w | h |
| n |   | o | n | a | u | i | a | o |
| g |   | z | y | n | t |   | z | u |
| m | a | o | y | i | z | a | i | t |
| w | e | i | j | i | n | o |   | a |
| n | i | u | z | a | i | k | u | o |

1) 帽子 ✓
2) 毛衣
3) 皮鞋
4) 袜子
5) 手套
6) 围巾
7) 外套
8) 牛仔裤

**B  Fill in the blanks with the words in the box.**

| hé | jīn tiān | chuān | xǐ huan | dài | bái sè | wài tào |
|----|----------|-------|---------|-----|--------|---------|
| 和 | 今天 | 穿 | 喜欢 | 戴 | 白色 | 外套 |

　　　　　　wǒ　　　　chuān lián yī qún　　　máo yī　　　　　　niú zǎi kù　　　wǒ bù xǐ huan
　　　　　我____ 穿连衣裙、毛衣____牛仔裤。我不喜欢

chèn shān　　wǒ xǐ huan　　　mào zi　　　wéi jīn hé shǒu tào　　wǒ
____衬衫。我喜欢____帽子、围巾和手套。我____

chuān hóng sè de　　　　jiǎo shang chuān　　　de pí xié
穿 红色的____，脚上 穿____的皮鞋。

# 第五课

## A  Complete the characters.

1) lěng  令
2) zuó  乍
3) xuě  ヨ
4) guā  舌
5) shǐ  台
6) míng  日
7) tǐ  本
8) hěn  艮

## B  Write down the meaning of each sentence.

1) míng tiān shàng wǔ xià yǔ, xià wǔ guā dà fēng
   明天上午下雨，下午刮大风。

   _____

2) zuó tiān shàng hǎi xià dà xuě, bù lěng
   昨天上海下大雪，不冷。

   _____

3) jīn tiān hěn rè, xiǎo xuě rén de shēn tǐ kāi shǐ huà le
   今天很热，小雪人的身体开始化了。

   _____

4) běi jīng jīn tiān duō yún, míng tiān yǒu yǔ
   北京今天多云，明天有雨。

   _____

# 第五课

**A** Find the opposite words and write them out.

| | |
|---|---|
| a) 冷 lěng | g) 曲 qū |
| b) 高 gāo | h) 上 shàng |
| c) 胖 pàng | i) 大 dà |
| d) 早 zǎo | j) 来 lái |
| e) 少 shǎo | k) 白 bái |
| f) 西 xī | l) 长 cháng |

1) 去 qù →  _____
2) 矮 ǎi →  _____
3) 多 duō →  _____
4) 热 rè →  _____
5) 下 xià →  _____
6) 瘦 shòu →  _____
7) 晚 wǎn →  _____
8) 小 xiǎo →  _____
9) 直 zhí →  _____
10) 东 dōng →  _____
11) 黑 hēi →  _____
12) 短 duǎn →  _____

**B** Rearrange the words/phrases to make sentences and write them out.

1) 了/小雪人/不见/要/。
   le / xiǎo xuě rén / bú jiàn / yào

   → _____

2) 开始/了/小雪人的身体/化/。
   kāi shǐ / le / xiǎo xuě rén de shēn tǐ / huà

   → _____

3) 高兴/今天/很/小雪人/。
   gāo xìng / jīn tiān / hěn / xiǎo xuě rén

   → _____

# 第五课

**A** **Write the time in Chinese.**

1) 8:15      八点一刻

2) 10:30 _____

3) 2:45 _____

4) 5:05 _____

5) 7:35 _____

6) 6:00 _____

**Useful words:**

a) 点 (diǎn)

b) 刻 (kè)

c) 分 (fēn)

d) 半 (bàn)

e) 零 (líng)

f) 两 (liǎng)

**B** **Answer the questions.**

1) 今天几月几号？（jīn tiān jǐ yuè jǐ hào）_____

2) 今天星期几？（jīn tiān xīng qī jǐ）_____

3) 今天下雨吗？（jīn tiān xià yǔ ma）_____

4) 今天冷吗？（jīn tiān lěng ma）_____

5) 你今天穿什么衣服？（nǐ jīn tiān chuān shén me yī fu）_____

## 第五课

**A** Circle the phrases that you know and write down their meanings.

| zuó | jīn ① | shēn | gāo | xìng |
|---|---|---|---|---|
| 昨 | 今 | 身 | 高 | 兴 |
| míng | tiān | tǐ | yù | kāi |
| 明 | 天 | 体 | 育 | 开 |
| xià | yǔ | duō | yún | shǐ |
| 下 | 雨 | 多 | 云 | 始 |
| xuě | rén | máo | wài | tào |
| 雪 | 人 | 毛 | 外 | 套 |
| guā | fēng | yī | duǎn | kù |
| 刮 | 风 | 衣 | 短 | 裤 |

1) today    6) _____
2) _____  7) _____
3) _____  8) _____
4) _____  9) _____
5) _____  10) _____

**B** Fill in the blanks with the words in the box.

| shàng xué | jīn tiān | diàn shì | xià yǔ | fàng xué | zǎo fàn | chī | shí èr |
|---|---|---|---|---|---|---|---|
| 上学 | 今天 | 电视 | 下雨 | 放学 | 早饭 | 吃 | 十二 |

jīn tiān _____，guā dà fēng，bù lěng。
今天 _____，刮大风，不冷。

wǒ _____ qī diǎn qǐ chuáng。wǒ méi yǒu chī _____。wǒ bā diǎn zuò xiào
我 _____ 七点起床。我没有吃 _____。我八点坐校

chē _____。wǒ _____ diǎn chī wǔ fàn。wǒ men sān diǎn bàn _____。wǒ men
车 _____。我 _____ 点吃午饭。我们三点半 _____。我们

yì jiā rén liù diǎn _____ wǎn fàn。wǒ jiǔ diǎn xǐ zǎo，jiǔ diǎn bàn kàn _____，
一家人六点 _____ 晚饭。我九点洗澡，九点半看 _____，

shí diǎn shuì jiào。
十点睡觉。

# 第六课

**A** Write the time in Chinese.

1) 8:05     早上八点零五分
   (early morning)

2) 10:15 _____
   (late morning)

3) 12:45 _____
   (noon)

4) 4:35 _____
   (afternoon)

5) 9:30 _____
   (evening)

**Useful words:**

a) 早上 zǎo shang early morning

b) 上午 shàng wǔ late morning

c) 中午 zhōng wǔ noon

d) 下午 xià wǔ afternoon

e) 晚上 wǎn shang evening

**B** Match the picture with the description.

a) 中午天晴了。三个猴子在干活儿。小猴子说:"这种天气我不想干活儿。"

b) 小猴子说:"下雪天我去干活儿。"

c) 猴爸爸叫小猴子去干活儿。小猴子说:"今天太热。这种天气我不去干活儿。"

21

# 第六课

**A  Write a sentence for each picture.**

1)   6:45 (early morning) 起床 <sup>qǐ chuáng</sup>

她早上六点三刻起床。

2)   12:30 (noon) 吃午饭 <sup>chī wǔ fàn</sup>

3)   3:15 (afternoon) 放学回家 <sup>fàng xué huí jiā</sup>

4)   9:00 (evening) 睡觉 <sup>shuì jiào</sup>

**B  Complete the characters.**

1) wèn    2) jiào    3) huó 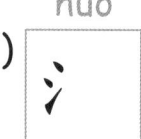   4) zhǒng

5) qíng    6) rè   7) shuō    8) bà

# 第六课

**A** Answer the questions.

1) 今天几月几号？ _____
   jīn tiān jǐ yuè jǐ hào

2) 今天星期几？ _____
   jīn tiān xīng qī jǐ

3) 今天冷吗？ _____
   jīn tiān lěng ma

4) 你今天几点睡觉？ _____
   nǐ jīn tiān jǐ diǎn shuì jiào

**B** Write down the meaning of each sentence.

1) 今天太热。  2) 昨天太冷。  3) 明天不太冷。
   jīn tiān tài rè    zuó tiān tài lěng    míng tiān bú tài lěng

   _____    _____    _____

**C** Circle the phrases that you know and write down their meanings.

| zǎo | wǎn | xià | yǔ | guā |
|---|---|---|---|---|
| 早 | 晚 | 下 | 雨 | 刮 |
| fàn | shàng | wǔ | xuě | fēng |
| 饭 | 上 | 午 | 雪 | 风 |
| duō | zhōng | rén | gàn | huór |
| 多 | 中 | 人 | 干 | 活儿 |
| yún | kāi | shǐ | jīn | zuó |
| 云 | 开 | 始 | 今 | 昨 |
| shēn | tǐ | míng | tiān | qì |
| 身 | 体 | 明 | 天 | 气 |

1) breakfast    6) _____
2) _____   7) _____
3) _____   8) _____
4) _____   9) _____
5) _____  10) _____

23

# 第六课

## A  Write the characters.

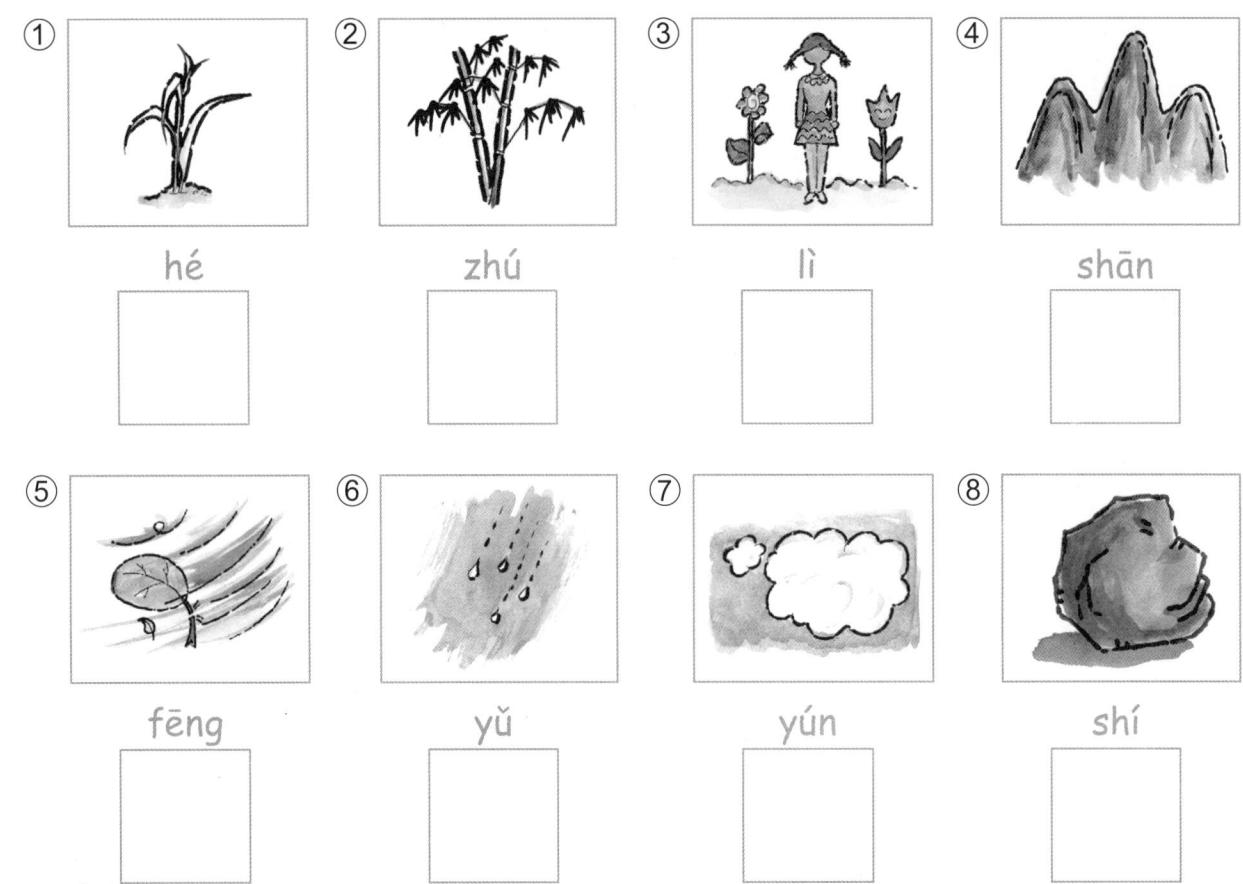

① hé  ② zhú  ③ lì  ④ shān

⑤ fēng  ⑥ yǔ  ⑦ yún  ⑧ shí

## B  Fill in the blanks with the words in the box.

| hē | shuō | jiào | wèn | chī | xiǎng |
|---|---|---|---|---|---|
| 喝 | 说 | 叫 | 问 | 吃 | 想 |

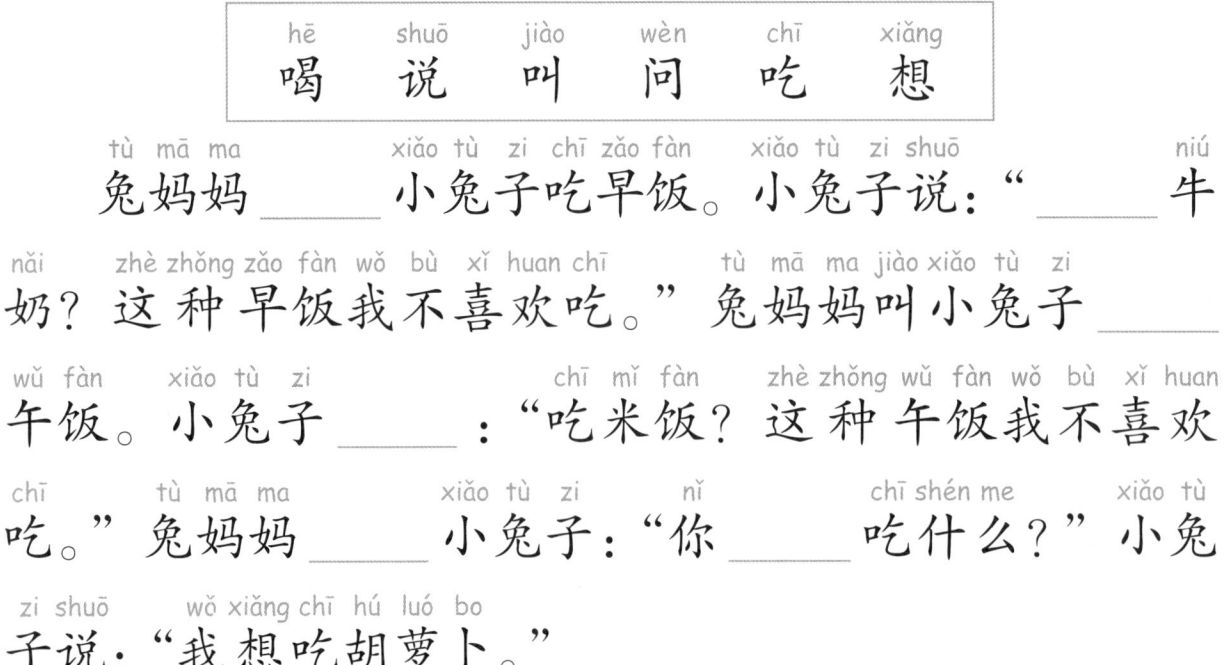

# 第七课

**A** Write down the common radical of each group of characters.

1) zhī 知  ǎi 矮 → 矢
2) jié 节  huā 花 → ☐
3) dào 道  hái 还 → ☐
4) kè 课  dú 读 → ☐
5) dì 第  děng 等 → ☐
6) zhàn 站  yīn 音 → ☐

**B** Fill in each box with the correct character.

不  科学  喜欢  体育  音乐  美术  第一节  今天

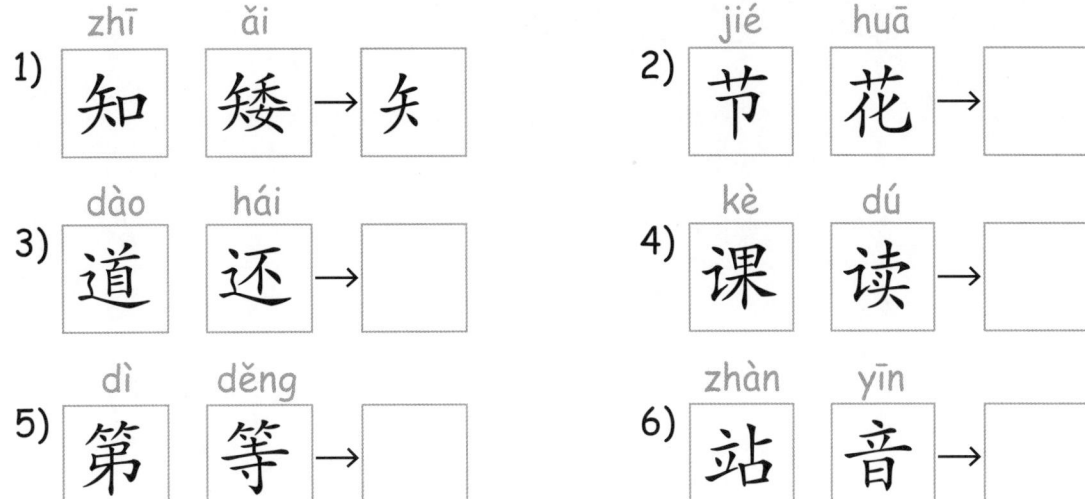

1)  wǒ 我 [xǐ huan] 上 [měi shù] 课。

2)  [dì yī jié] 是 [tǐ yù] 课。

3)  wǒ men 我们 [jīn tiān] méi yǒu 没有 [kē xué] 课。

4)  wǒ 我 [bù] 喜欢上 [yīn yuè] 课。

# 第七课

**Read the passage and draw a picture of the school.**

我们学校有操场、礼堂、体育馆、图书馆等。

我们学校还有音乐室、电脑室和美术室。

# 第七课

**A** Group the words in the box into the correct category.

| duō yún<br>多云 | měi shù<br>美术 | bà ba<br>爸爸 | yīng yǔ<br>英语 | zhōng guó<br>中国 | hàn shān<br>汗衫 |
| yīn yuè<br>音乐 | hàn yǔ<br>汉语 | yǎn jing<br>眼睛 | bí zi<br>鼻子 | xià yǔ<br>下雨 | měi guó<br>美国 |
| cāo chǎng<br>操场 | gē ge<br>哥哥 | wài tào<br>外套 | lǐ táng<br>礼堂 | | |

1) yǔ yán 语言：_____ _____
(language)

2) kè 课：_____ _____
(course)

3) tiān qì 天气：_____ _____
(weather)

4) yī fu 衣服：_____ _____
(clothes)

5) jiā rén 家人：_____ _____
(family members)

6) xué xiào 学校：_____ _____
(school)

7) guó jiā 国家：_____ _____
(country)

8) shēn tǐ 身体：_____ _____
(body)

**B** Rearrage the words/phrases to make sentences and write them out.

1) jīn tiān / wǒ / le / wǔ jié kè / shàng
今天/我/了/五节课/上/。

→ _____

2) hàn yǔ kè / dì sān jié / shì
汉语课/第三节/是/。

→ _____

# 第七课

## A  Draw a similar timetable and write a passage about it.

| | xīng qī sān<br>星期三 |
|---|---|
| dì yī jié<br>第一节 | yīng yǔ<br>英语 |
| dì èr jié<br>第二节 | hàn yǔ<br>汉语 |
| dì sān jié<br>第三节 | yīn yuè<br>音乐 |
| dì sì jié<br>第四节 | měi shù<br>美术 |
| dì wǔ jié<br>第五节 | shù xué<br>数学 |

今天星期三。我今天上五节课。第一节是英语课。第二节是汉语课。第三节是音乐课。第四节是美术课。第五节是数学课。

## B  Circle the phrases that you know and write down their meanings.

| hàn<br>汉 | yǔ<br>语 | tǐ<br>体 | yù<br>育 | huí<br>回 |
|---|---|---|---|---|
| yīn<br>音 | yuè<br>乐 | měi<br>美 | shù<br>术 | jiā<br>家 |
| zhī<br>知 | dao<br>道 | zǎo<br>早 | chǎo<br>炒 | mǐ<br>米 |
| shù<br>数 | shàng<br>上 | fàng<br>放 | fàn<br>饭 | shuì<br>睡 |
| kē<br>科 | xué<br>学 | kè<br>课 | míng<br>明 | jiào<br>觉 |
| zhōng<br>中 | wǔ<br>午 | yī<br>一 | tiān<br>天 | qì<br>气 |

① 汉语 circled

1) Chinese
2) _____
3) _____
4) _____
5) _____
6) _____

7) _____
8) _____
9) _____
10) _____
11) _____
12) _____

# 第八课

## A  Join the parts to make characters.

| Radicals | Parts |
|---|---|
| 纟　竹　讠　刀<br>口　彡　月　亻 | 采　交　古　毛<br>艮　宋　前　己 |

1) 练   2) _____   3) _____   4) _____

5) _____   6) _____   7) _____   8) _____

## B  Write down the meaning of each sentence.

wǒ de fáng jiān li yǒu chuáng hé yī guì
1) 我的房间里有床和衣柜。

_____

wǒ men jiā de kè tīng li yǒu diàn shì jī
2) 我们家的客厅里有电视机。

_____

wǒ jiā yǒu sān jiān wò shì hé yí ge shū fáng
3) 我家有三间卧室和一个书房。

_____

wǒ de shū zhuō shang yǒu hàn yǔ kè běn   liàn xí běn hé wén jù hé
4) 我的书桌上有汉语课本、练习本和文具盒。

_____

# 第八课

**A** Match the two parts to form a sentence.

1) 我的书包里有　　　　a) 床、书桌、椅子和衣柜。

2) 我的房间里有　　　　b) 毛衣和牛仔裤。

3) 厨房里有　　　　　　c) 卷笔刀和剪刀。

4) 浴室里有　　　　　　d) 洗衣机。

5) 椅子上有　　　　　　e) 水果和蔬菜。

**B** Fill in each box with the correct character.

> 有　记　课本　很　是　色　里

1) 这 [是] 我的学校。

2) 文具盒里 [ ] 彩色笔。

3) 我的书包 [里] 有很多东西。

4) 我的狗 [ ] 小，它有黄 [ ] 的毛。

5) 我的汉语 [课][本] 在学校里。

6) 我的日 [记] 本在书包里。

# 第八课

## A write the characters.

① dīng ② bù ③ wáng ④ yù

⑤ jǐng ⑥ shuǐ ⑦ bèi ⑧ dāo

## B Write the characters if you can, otherwise use pinyin.

Answers:

a) 橡皮 xiàng pí
b) 剪刀 jiǎn dāo
c) 铅笔 qiān bǐ
d) 固体胶 gù tǐ jiāo
e) 彩色笔 cǎi sè bǐ
f) 卷笔刀 juǎn bǐ dāo

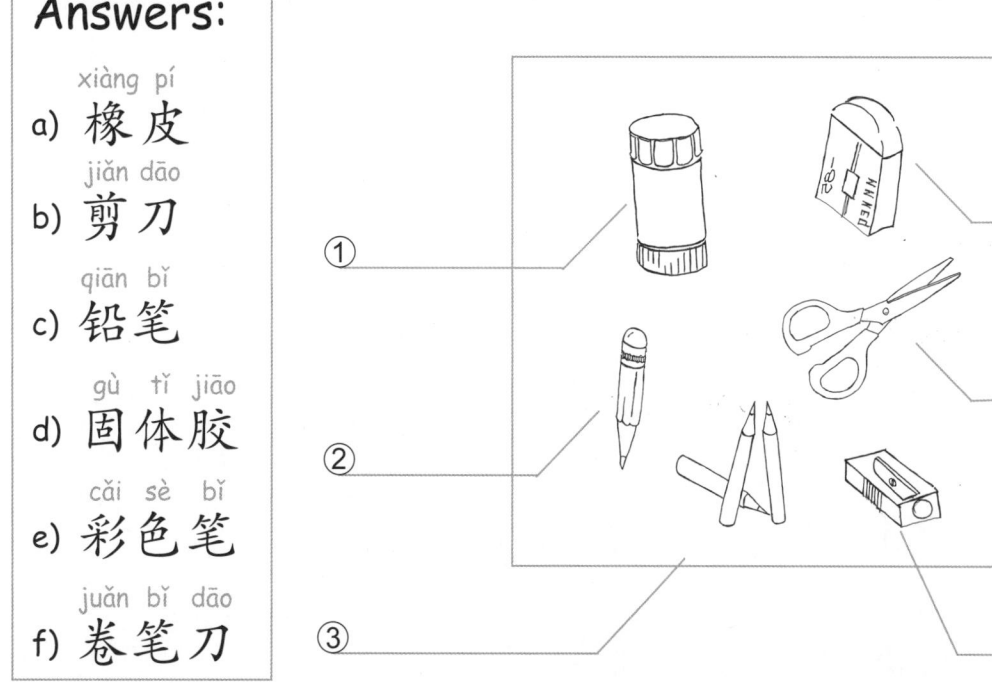

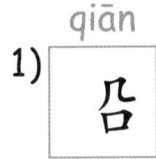

## 第八课

**A** Add a radical to complete each character.

1) qiān 合   2) bǐ 毛   3) gù 古   4) jiāo 交

5) liàn 东   6) jiǎn 前   7) cǎi 采   8) jǐ 己

**B** Fill in the blanks with the words in the box.

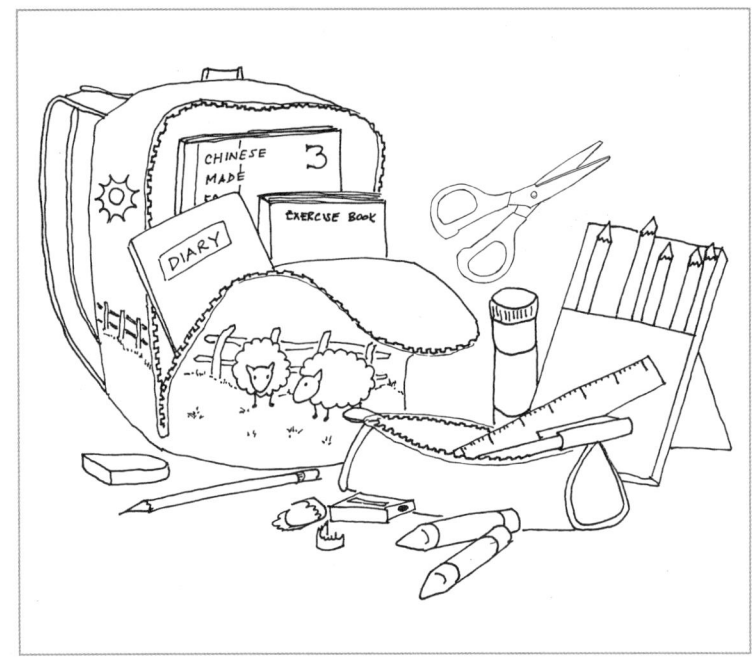

Answers:
a) dāo 刀   f) kè 课
b) li 里    g) hé 和
c) pí 皮    h) bǐ 笔
d) wén 文   i) dà 大
e) xí 习    j) sè 色

wǒ de shū bāo hěn ___ 。 wǒ de shū bāo ___ 有很多东西，有
我的书包很___。我的书包___有很多东西，有

hàn yǔ ___ běn 、 liàn ___ běn 、 rì jì běn 、 cǎi ___ bǐ děng
汉语___本、练___本、日记本、彩___笔等。

jù hé li yǒu qiān ___ 、 chǐ zi 、 xiàng ___ 、 là bǐ 、 jiǎn
___具盒里有铅___、尺子、橡___、蜡笔、剪

___ 、 gù tǐ jiāo ___ 、 juǎn bǐ dāo 。
___、固体胶___卷笔刀。

# 第九课

## A. Write down the meaning of each sentence.

1) <sub>mèi mei xǐ huan xué jiě jie de yàngr</sub>
   妹妹喜欢学姐姐的样儿。

2) <sub>bà ba wǎn shang pǎo bù， wǒ yě wǎn shang pǎo bù</sub>
   爸爸晚上跑步，我也晚上跑步。

3) <sub>xiǎo gǒu xǐ huan jiào： wāng！ wāng！ wāng！ wǒ bù xué tā de yàngr</sub>
   小狗喜欢叫："汪！汪！汪！"我不学它的样儿。

## B. Match the verb with the noun.

1) 跑 (pǎo) • • a) 足球 (zú qiú)
2) 踢 (tī) • • b) 马 (mǎ)
3) 骑 (qí) • • c) 菜 (cài)
4) 炒 (chǎo) • • d) 步 (bù)
5) 说 (shuō) • • e) 课 (kè)
6) 上 (shàng) • • f) 法语 (fǎ yǔ)
7) 养 (yǎng) • • g) 宠物 (chǒng wù)

## C. Write down the meaning of each animal.

| | |
|---|---|
| 1) 狮子 (shī zi) | |
| 2) 熊猫 (xióng māo) | |
| 3) 猴子 (hóu zi) | |
| 4) 蛇 (shé) | |
| 5) 老虎 (lǎo hǔ) | |
| 6) 大象 (dà xiàng) | |
| 7) 金鱼 (jīn yú) | |
| 8) 兔子 (tù zi) | |

# 第九课

**A  Answer the questions.**

1) 你每天几点去上学？你怎么上学？

_____

2) 你们早上几点开始上课？你们每天上几节课？

_____

3) 你早饭一般吃什么？你喜欢喝什么？

_____

4) 你晚上在家做什么？你一般几点睡觉？

_____

**B  Highlight the sentences in different colours. Write down the meaning of each sentence.**

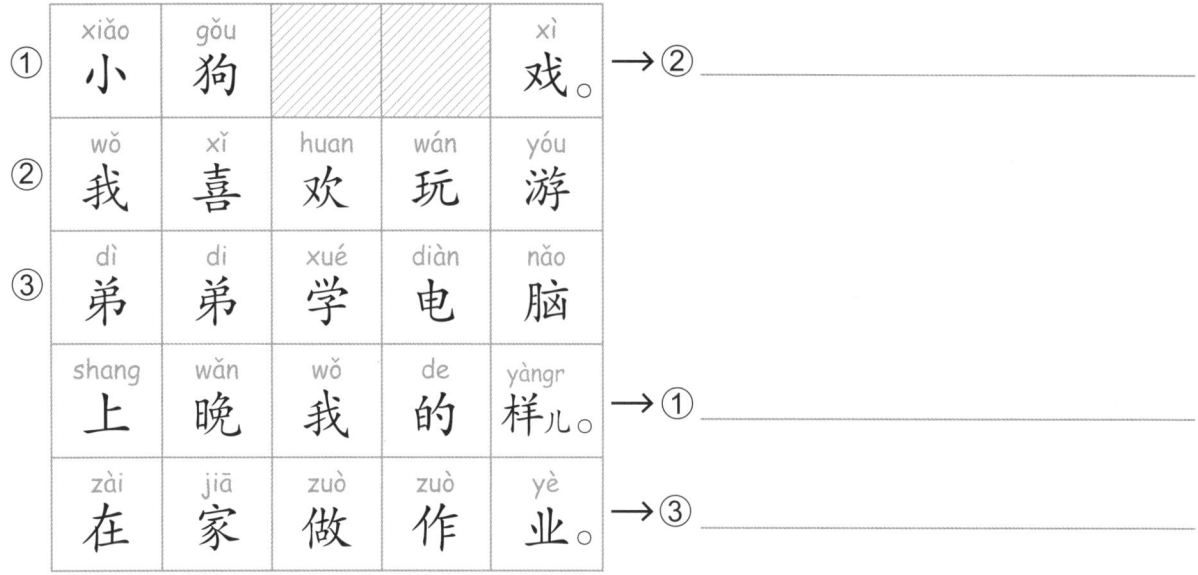

第九课

A **Write the characters if you can, otherwise use pinyin.**

Answers:

a) 做作业 (zuò zuò yè)

b) 起床 (qǐ chuáng)

c) 吃早饭 (chī zǎo fàn)

d) 睡觉 (shuì jiào)

e) 看书 (kàn shū)

f) 玩儿电脑游戏 (wánr diàn nǎo yóu xì)

B **Add a radical to complete the character.**

1) yàng

2) gǒu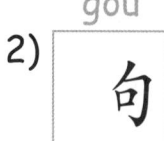

3) pǎo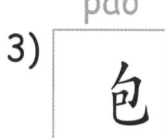

4) shuā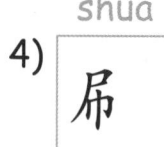

5) xǐ 吾

6) huān

7) tā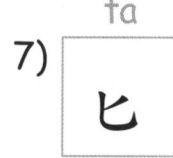

8) xué

# 第九课

**A  Write down the meaning of each sentence.**

1) 别跑。  (bié pǎo)
2) 别叫。  (bié jiào)
3) 请坐。  (qǐng zuò)

4) 别说话。 (bié shuō huà)
5) 请进。  (qǐng jìn)
6) 站起来。 (zhàn qǐ lai)

**B  Read the passage and fill in the table below with the times.**

| 时间 | 活动 |
|---|---|
| 6:45 | 起床 (qǐ chuáng) |
|  | 吃早饭 (chī zǎo fàn) |
|  | 去上学 (qù shàng xué) |
|  | 开始上课 (kāi shǐ shàng kè) |
|  | 吃午饭 (chī wǔ fàn) |
| 3:30 | 放学 (fàng xué) |
|  | 吃晚饭 (chī wǎn fàn) |
|  | 做作业 (zuò zuò yè) |
|  | 看电视 (kàn diàn shì) |
|  | 睡觉 (shuì jiào) |

我一般早上六点三刻起床。我七点吃早饭。我七点半去上学。我坐校车上学。我们八点开始上课。我十二点吃午饭。我们上午上三节课，下午上两节课。我们下午三点半放学。我们一家人晚上七点吃晚饭。我八点开始做作业。我九点看电视。我十点睡觉。

# 第十课

**A** Add a radical to complete the character.

1) dàng qiū qiān

2) zhuō mí cáng

3) huá tī

4) gōng yuán

5) shù wū
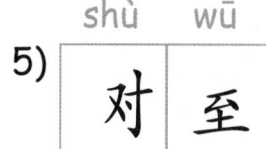

6) pāi pí qiú

7) wánr diàn nǎo yóu xì

**B** Rearrange the words/phrases to make sentences and write them out.

1) bú jiàn / wǒ dì di / le / zài gōngyuán li
   不见/我弟弟/了/在公园里/。

   → _____

2) zài nàr / dàng qiū qiān / xiǎo mèi mei
   在那儿/荡秋千/小妹妹/。

   → _____

3) shuì jiào / xiǎo gǒu / zài shù wū li
   睡觉/小狗/在树屋里/。

   → _____

4) zuò zuò yè / zài fáng jiān li / jiě jie
   做作业/在房间里/姐姐/。

   → _____

# 第十课

## A  Write the characters.

①
quǎn

②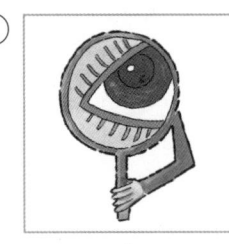
jiàn

③
qì

④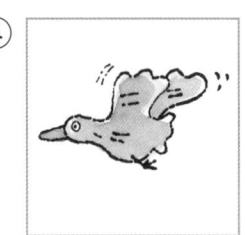
fēi

⑤
gōng

⑥
tǔ

⑦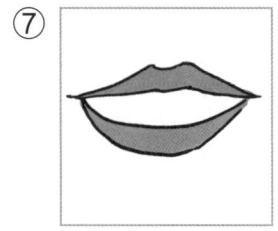
kǒu

⑧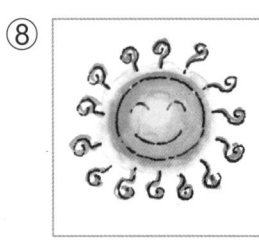
rì

## B  Write down the meaning of each phrase.

① huá bīng 滑冰 _____
   huá tī 滑梯 _____

② pí qiú 皮球 _____
   pí xié 皮鞋 _____

③ zuò yè 作业 _____
   gōng zuò 工作 _____

④ shuā yá 刷牙 _____
   yá chǐ 牙齿 _____

⑤ kè běn 课本 _____
   rì jì běn 日记本 _____

⑥ zuó tiān 昨天 _____
   tiān qì 天气 _____

# 第十课

**A** Write the radicals.

1) ☐ hand
2) ☐ tree; wood
3) ☐ water
4) ☐ seedling
5) ☐ movement
6) ☐ grass
7) ☐ dead body
8) ☐ ear

**B** Answer the questions.

1) 你有兄弟姐妹吗？有几个？

2) 你今年几岁了？上几年级？

3) 你在哪儿出生？你的生日是几月几号？

4) 你是哪国人？你会说什么语言？

5) 你个子高吗？你戴眼镜吗？

# 第十课

**Read the passage and draw a picture of the garden.**

这个公园不大，有树，树上有一个树屋。公园里有十个人。两个女生在滑滑梯，两个男生在拍皮球，两个妈妈在看书，一个老人在吃午饭。我和哥哥在滑冰，弟弟在树屋里。

# 第十一课

**A** Write the radicals.

1) ☐ cave  2) ☐ enclosure  3) ☐ foot  4) ☐ stone

5) ☐ claw  6) ☐ knife  7) ☐ jade  8) ☐ fire

**B** Rearrange the words/phrases to make sentences and write them out.

1) 关上 / 快 / 窗子 / 把 /！
   → _____

2) 去 / 做作业 / 快 /。
   → _____

3) 电脑游戏 / 别 / 玩儿 /。
   → _____

4) 开门 / 小白兔，/ 请 /。
   → _____

5) 就 / 开门 / 不 / 我 /。
   → _____

## 第十一课

**A** Write down the meaning of each sentence.

1) qǐng gēn wǒ dú
   请跟我读。_____

2) bié shuō huà　wǒ men kāi shǐ shàng kè
   别说话。我们开始上课。_____

3) xiàn zài shí diǎn le　kuài qù xǐ zǎo
   现在十点了。快去洗澡。_____

4) mā ma kuài huí lai le
   妈妈快回来了。_____

5) wǒ bù xiǎng zhàn qǐ lai
   我不想站起来。_____

**B** Fill in each box with the correct letter.

1) mén 门
2) chuāng 窗
3) chuáng 床
4) yī guì 衣柜
5) shū zhuō 书桌
6) yǐ zi 椅子
7) diàn nǎo 电脑
8) diàn shì jī 电视机

42

# 第十一课

## A. Write down the meaning of each phrase.

① shàng bān 上班 _____
   xià bān 下班 _____

② shàng kè 上课 _____
   xià kè 下课 _____

③ shàng chē 上车 _____
   xià chē 下车 _____

④ guān dēng 关灯 _____
   kāi dēng 开灯 _____

⑤ chū qu 出去 _____
   jìn lai 进来 _____

⑥ shàng xué 上学 _____
   fàng xué 放学 _____

## B. Match the two parts of a dialogue.

1) nǐ kuài qù shuì jiào 你快去睡觉。
2) qǐng jìn! qǐng hē shuǐ 请进！请喝水。
3) qǐng kāi mén 请开门！
4) qǐng guān dēng 请关灯！
5) bié shuō huà 别说话！
6) kuài bǎ fàn chī le 快把饭吃了。

a) xiè xie 谢谢。
b) wǒ méi you shuō huà 我没有说话。
c) hǎo, wǒ qù guān 好，我去关。
d) bù kāi! jiù bù kāi 不开！就不开。
e) wǒ bú ài chī fàn 我不爱吃饭。
f) xiàn zài bā diǎn, wǒ yì bān jiǔ diǎn shuì jiào 现在八点，我一般九点睡觉。

# 第十一课

**A** Find the other part of the dialogue in the box.

> méi guān xi　　　　nǐ hǎo　　　　zài jiàn　　　　bú yòng xiè
> 没关系。　　　你好！　　　再见！　　　不用谢。
> hǎo　wǒ qù kāi chuāng　　xiè xie
> 好，我去开窗。　　谢谢！

1) A: qǐng zuò 请坐！
   B: _____

2) A: xiè xie nǐ 谢谢你。
   B: _____

3) A: duì bu qǐ 对不起。
   B: _____

4) A: qǐng bǎ chuāng dǎ kāi 请把窗打开。
   B: _____

5) A: zài jiàn 再见！
   B: _____

6) A: nín hǎo 您好！
   B: _____

**B** Fill in each box with the correct character.

> 门　灯　来　开　说　请

1) lǎo hǔ / lái / le / kuài bǎ / mén / guān shang
   老虎 □ 了！快把 □ 关上！

2) kuài bǎ / dēng / yě guān shang / bié / shuō / huà
   快把 □ 也关上。别 □ 话。

3) qù / kāi / chuāng / fáng jiān li hěn rè
   去 □ 窗。房间里很热。

4) qǐng / chuān shang dà yī / jīn tiān xià xuě / hěn lěng
   □ 穿上大衣，今天下雪，很冷。

# 第十二课

**A** **Answer the questions.**

1) 你的生日是几月几号？_____

2) 你过生日一般吃什么？_____

3) 你喜欢吃什么？_____

4) 你今天午饭吃了什么？_____

**B** **Group the words into the right category. You can write pinyin if you cannot write characters.**

| 可乐 | 蛋糕 | 热狗 | 薯片 | 苹果 | 饼干 | 巧克力 |
|---|---|---|---|---|---|---|
| 黄瓜 | 果汁 | 香蕉 | 糖果 | 薯条 | 胡萝卜 | 汉堡包 |

| 水果 | 零食 | 快餐 | 蔬菜 | 饮料 (drinks) |
|---|---|---|---|---|
|  |  |  |  |  |

# 第十二课

**A  Answer the questions.**

1) 你有几个好朋友？他们叫什么名字？
   nǐ yǒu jǐ ge hǎo péng you  tā men jiào shén me míng zi
   
   _____

2) 你喜欢吃什么？你不喜欢吃什么？
   nǐ xǐ huan chī shén me  nǐ bù xǐ huan chī shén me
   
   _____

**B  Write down the meaning of each sentence.**

1) 我午饭吃三明治或炒饭。_____
   wǒ wǔ fàn chī sān míng zhì huò chǎo fàn

2) 我早饭吃面包，喝牛奶。_____
   wǒ zǎo fàn chī miàn bāo  hē niú nǎi

3) 我们家晚饭吃米饭、炒菜，喝汤。
   wǒ men jiā wǎn fàn chī mǐ fàn  chǎo cài  hē tāng
   
   _____

**C  Circle the phrases that you know and write down their meanings.**

| shǔ | piàn | xià | ①chǎo | fàn |
|---|---|---|---|---|
| 薯 | 片 | 下 | 炒 | 饭 |
| tiáo | wǎn | shàng | wǔ | miàn |
| 条 | 晚 | 上 | 午 | 面 |
| zhōng | cān | jī | dàn | gāo |
| 中 | 餐 | 鸡 | 蛋 | 糕 |
| shū | zhuō | bīng | qí | lín |
| 书 | 桌 | 冰 | 淇 | 淋 |
| qiǎo | kè | lì | bǐng | gān |
| 巧 | 克 | 力 | 饼 | 干 |

1) fried rice     6) _____
2) _____    7) _____
3) _____    8) _____
4) _____    9) _____
5) _____    10) _____

# 第十二课

**A** Fill in the correct characters to make phrases.

1) 餐[zhuō]　2) 薯[tiáo]　3) 巧克[lì]　4) 蛋[gāo]

5) 水[guǒ]　6) [kě]乐　7) [rè]狗　8) 薯[piàn]

**B** Rearrange the words/phrases to make sentences and write them out.

1) 小光 / 生日 / 今天 / 过 / 。

2) 巧克力 / 餐桌上 / 饼干 / 和 / 有 / 。

3) 喜欢 / 蛋糕 / 也 / 小狗 / 吃 / 。

4) 坐 / 常常 / 在地上 / 弟弟 / 哭 / 。

5) 吃 / 把 / 了 / 冰淇淋 / 小狗 / 。

# 第十二课

**A** **Write the characters if you can, otherwise use pinyin.**

**B** **Fill in each box with the correct character.**

| 冰 它 半 在 生 西 片 水 干 也 兴 |

妹妹今天过 [shēng] 日。她吃了很多东 [xi]，有薯

[piàn]、饼 [gān]、[bīng] 淇淋、[shuǐ] 果、糖果等。妹妹吃

了半个蛋糕。她今天很高 [xìng]。

小狗今天 [yě] 很高兴。[tā] 跳上餐桌，把 [bàn] 个

蛋糕吃了。妹妹坐 [zài] 地上大哭了起来。

# 第十三课

**A** Match the two parts of a dialogue.

mèi mei jīn tiān guò     kě lè
☐ 1) 妹妹今天过     a) 可乐。

mā ma hěn ài hē     shuǐ guǒ hé shū cài
☐ 2) 妈妈很爱喝     b) 水果和蔬菜。

gē ge bú ài chī     shēng rì
☐ 3) 哥哥不爱吃     c) 生日。

jiě jie chī le     yǒu shǔ tiáo bǐng gān hé qiǎo kè lì
☐ 4) 姐姐吃了     d) 有薯条、饼干和巧克力。

cān zhuō shang     bàn ge dàn gāo
☐ 5) 餐桌上     e) 半个蛋糕。

**B** Rearrange the words/phrases to make sentences and write them out.

gē ge　xǐ huan　niú ròu　chī
1) 哥哥 / 喜欢 / 牛肉 / 吃 / 。

→ _____

chī　ài　jiě jie　niú pái
2) 吃 / 爱 / 姐姐 / 牛排 / 。

→ _____

wǔ fàn　měi tiān　sān míng zhì　wǒ　chī
3) 午饭 / 每天 / 三明治 / 我 / 吃 / 。

→ _____

yǒu　qiǎo kè lì　cān zhuō shang　dàn gāo　hé
4) 有 / 巧克力 / 餐桌上 / 蛋糕 / 和 / 。

→ _____

# 第十三课

## A Write the characters.

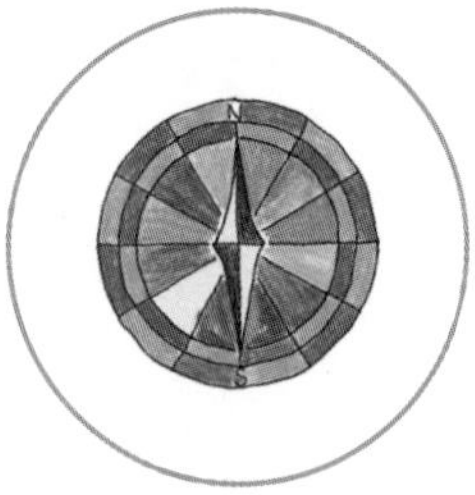

① dōng  ② nán  ③ xī  ④ běi

⑤ shàng  ⑥ zhōng  ⑦ xià

⑧ zì jǐ  ⑨ fù  ⑩ mǔ

## B Circle the pinyin for the words on the right.

| s | h | u | p | i | a | n |
| q | i | a | o | k | e | l | i |
|   | n | i | u | p | a | i | u |
| d | a | n | g | a | o |   | r |
|   |   | s | h | a | l | a | o |
| b | i | n | g | g | a | n | u |

1) 沙拉 ✓
2) 牛排
3) 牛肉
4) 饼干
5) 薯片
6) 巧克力
7) 蛋糕

# 第十三课

**A** Highlight the sentences in different colours. Write down the meaning of each sentence.

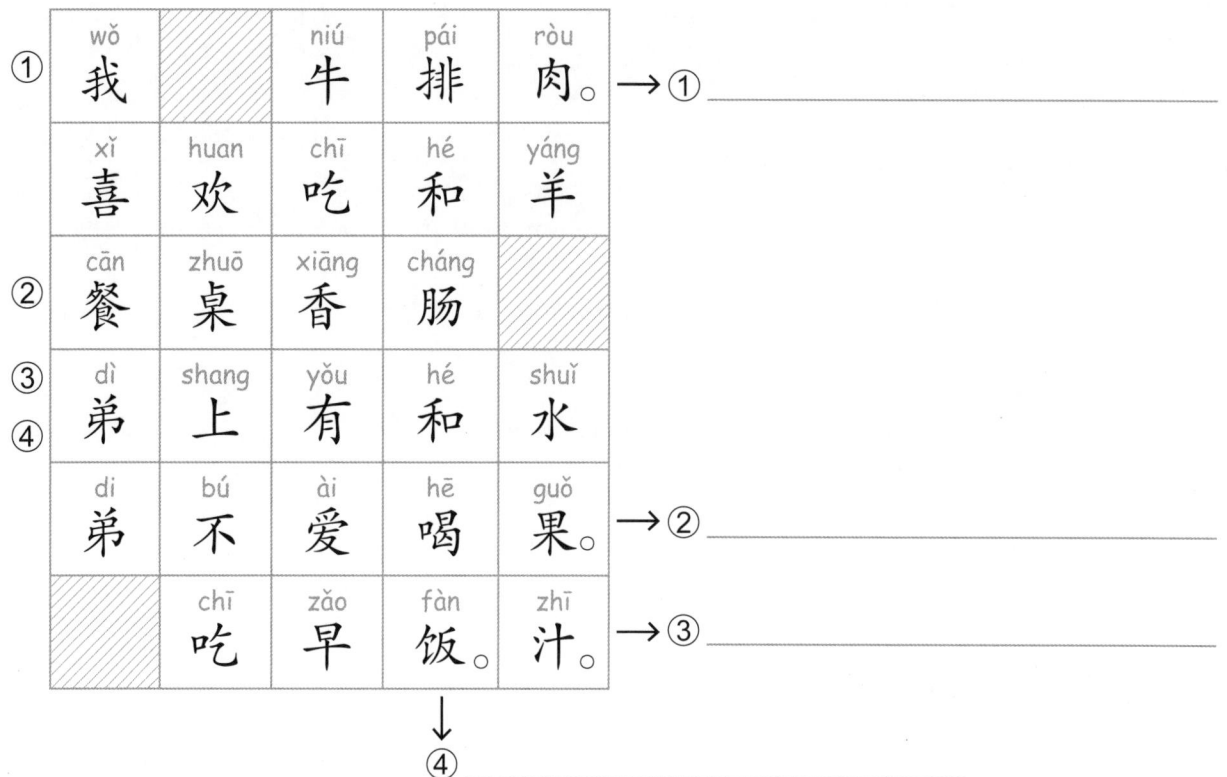

**B** Write the radicals.

1) ☐ again   2) ☐ flesh   3) ☐ animal   4) ☐ two people

5) ☐ cow   6) ☐ strength   7) ☐ feeling   8) ☐ rice

# 第十三课

**A** Write down the meaning of each phrase.

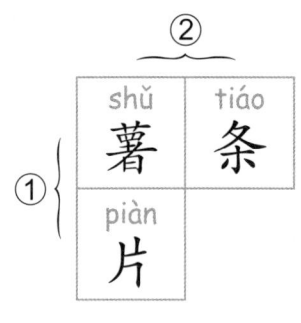

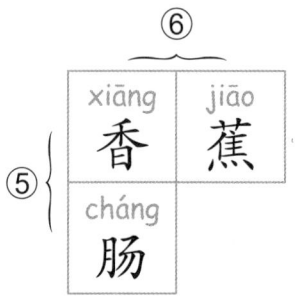

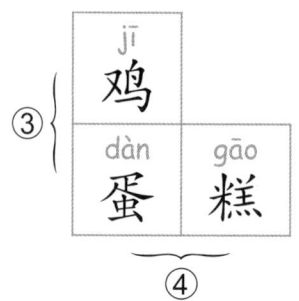

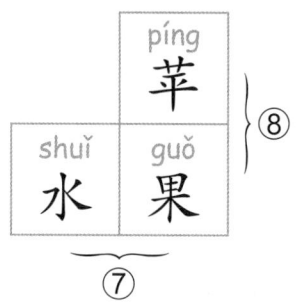

**B** Fill in each box with the correct character.

肠　东　两　羊　很　火　不　瓜　菜　排

wǒ xǐ huan chī hěn duō dōng xi。wǒ xǐ huan chī ròu。wǒ xǐ huan chī
我喜欢吃很多□西。我喜欢吃肉。我喜欢吃

niú ròu、yáng ròu，wǒ hái xǐ huan chī huǒ tuǐ ròu。wǒ hěn xǐ huan chī
牛肉、□肉，我还喜欢吃□腿肉。我□喜欢吃

niú pái。wǒ bù xǐ huan chī xiāng cháng。wǒ xǐ huan chī shū cài。wǒ
牛□。我□喜欢吃香□。我喜欢吃蔬□。我

měi tiān chī liǎng zhǒng shū cài。wǒ jīn tiān chī le hú luó bo hé huáng guā。
每天吃□种蔬菜。我今天吃了胡萝卜和黄□。

# 第十四课

**A** Fill in each box with the correct character to make phrases. Write down the meaning of each phrase.

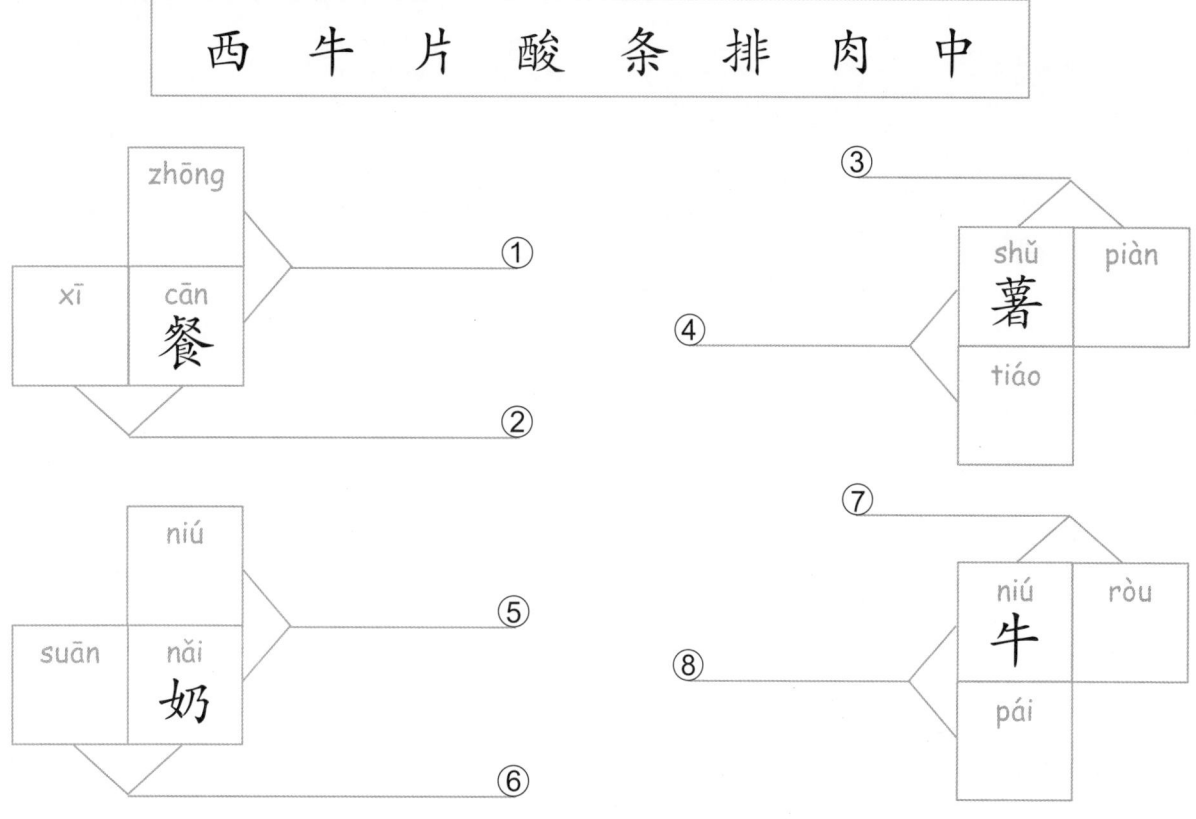

西　牛　片　酸　条　排　肉　中

**B** Write down the meaning of each sentence.

1) 我喜欢吃中餐，不喜欢吃快餐。

2) 我很喜欢吃意大利面和沙拉。

3) 爷爷不喜欢吃酸奶和奶酪。

# 第十四课

**A  Add the common radical and write down the meaning of each character.**

① yì 意 — meaning
   xiǎng 想 — want; would like

② suān 灸
   lào 各

③ bǐng 并
   guǎn 官

④ lì 刂
   hé 口

**B  Rearrange the words/phrases to make sentences and write them out.**

1) xǐ huan / nǎi nai / hěn / kāi wán xiào
   喜欢 / 奶奶 / 很 / 开玩笑 / 。
   →

2) yì bān / wǒ / chī / shā lā / wǔ fàn
   一般 / 我 / 吃 / 沙拉 / 午饭 / 。
   →

3) jiě jie / hé / suān nǎi / nǎi lào / xǐ huan / chī
   姐姐 / 和 / 酸奶 / 奶酪 / 喜欢 / 吃 。
   →

4) měi tiān / chī / dì di / líng shí / hěn duō
   每天 / 吃 / 弟弟 / 零食 / 很多 / 。
   →

# 第十四课

## A Write the characters.

① zǐ　② nǚ　③ zhí　④ qū

⑤ duō　⑥ shǎo　⑦ dà　⑧ xiǎo

## B Answer the questions.

1) 你在哪儿出生？你今年几岁了？
   nǐ zài nǎr chū shēng    nǐ jīn nián jǐ suì le

_____

2) 你喜欢吃中餐吗？喜欢吃什么中餐？
   nǐ xǐ huan chī zhōng cān ma   xǐ huan chī shén me zhōng cān

_____

3) 你喜欢吃西餐吗？喜欢吃什么西餐？
   nǐ xǐ huan chī xī cān ma   xǐ huan chī shén me xī cān

_____

# 第十四课

**A** Highlight the sentences in different colours. Write down the meaning of each sentence.

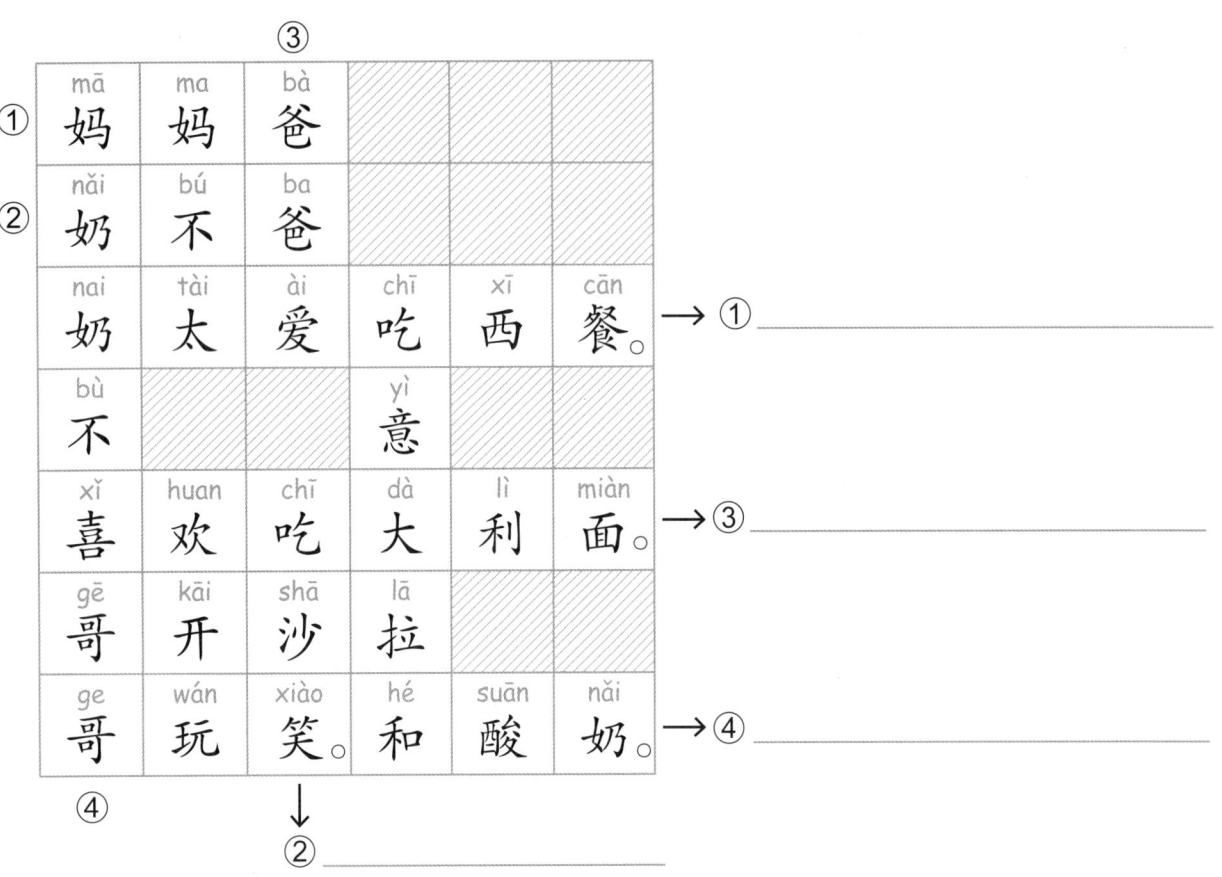

**B** Fill in each box with the correct character.

| 快 | 汁 | 包 | 是 | 奶 | 很 | 米 | 午 | 饭 | 面 |

我 ☐ 美国人。我不喜欢吃 ☐ 餐。我 ☐ 喜欢吃中餐。我喜欢吃炒 ☐ 和炒 ☐。我早饭一般吃面 ☐，喝牛 ☐。我 ☐ 饭吃三明治，喝果 ☐。我晚饭吃 ☐ 饭和炒菜。

# 第十五课

**A** Fill in each box with the correct character to make phrases. Write down the meaning of each phrase.

鸡　中　桃　牛　西　黄　李　羊　桌　糕

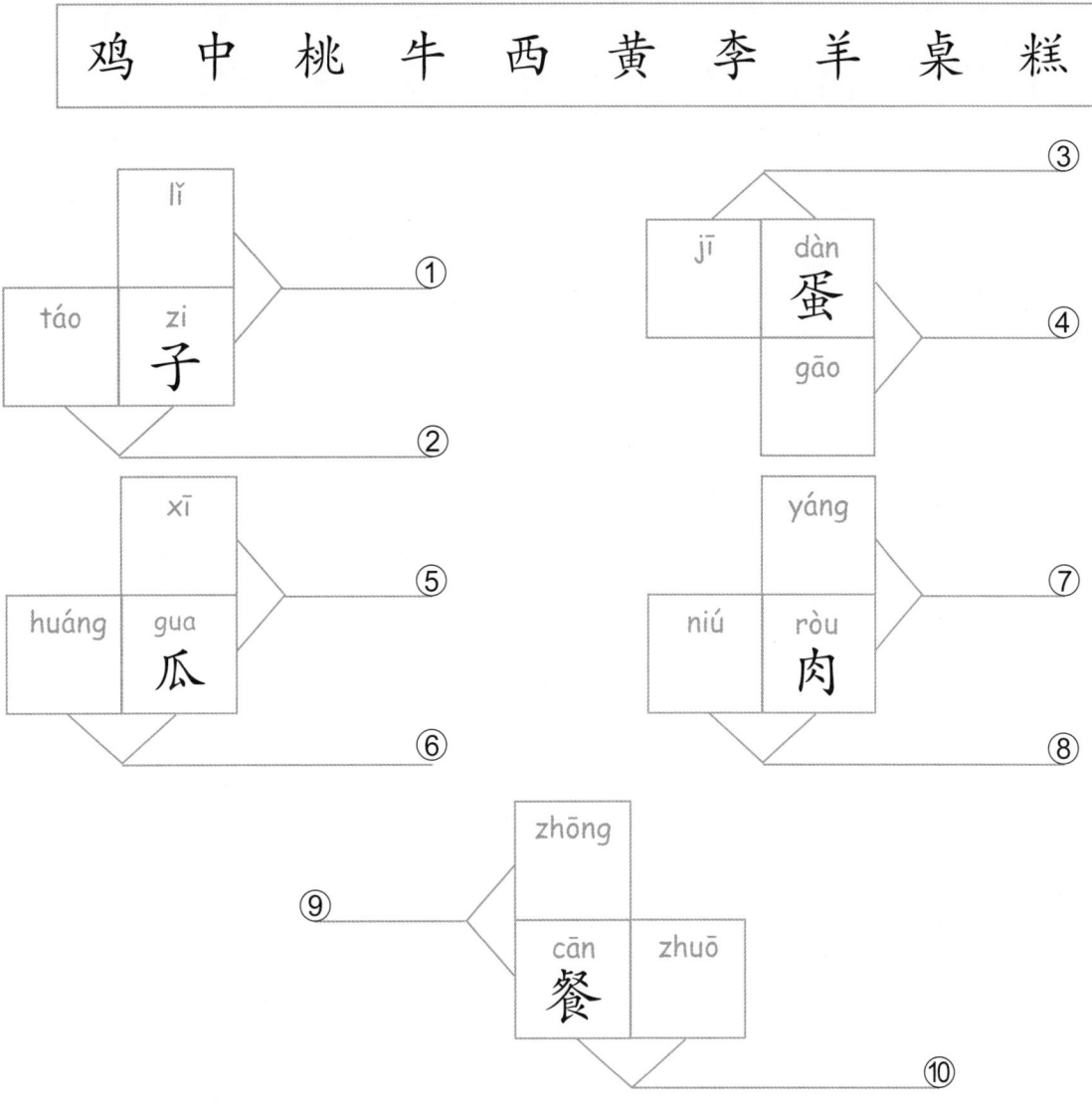

**B** Write down the meaning of each sentence.

wǒ hěn ài chī lí hé cǎo méi
1) 我很爱吃梨和草莓。_____

dì di bù xǐ huan chī pú tao hé lǐ zi
2) 弟弟不喜欢吃葡萄和李子。_____

cān zhuō shang yǒu xī gua hé táo zi
3) 餐桌上有西瓜和桃子。_____

gē ge cháng cháng kāi wán xiào
4) 哥哥常常开玩笑。_____

# 第十五课

A **Add the common radical and write down the meaning of each character.**

B **Rearrange the words/phrases to make sentences and write them out.**

1) 苹果／喜欢／吃／我爷爷／。
   →

2) 喝／西瓜汁／爱／哥哥／。
   →

3) 今天／了／吃／草莓／我／。
   →

4) 水果／每天／妈妈／吃／。
   →

5) 一般／吃／我们家／米饭／晚饭／。
   →

# 第十五课

## A  Colour the words as required.

| cǎo méi<br>草莓 | bīng qí lín<br>冰淇淋 | zhū ròu<br>猪肉 | rè gǒu<br>热狗 |
|---|---|---|---|
| niú ròu<br>牛肉 | xī gua<br>西瓜 | shǔ tiáo<br>薯条 | xiāng jiāo<br>香蕉 |
| bǐ sà bǐng<br>比萨饼 | mǐ fàn<br>米饭 | nǎi lào<br>奶酪 | huǒ tuǐ ròu<br>火腿肉 |
| chǎo miàn<br>炒面 | lǐ zi<br>李子 | táo zi<br>桃子 | píng guǒ<br>苹果 |
| qiǎo kè lì<br>巧克力 | niú pái<br>牛排 | shā lā<br>沙拉 | yáng ròu<br>羊肉 |
| lí<br>梨 | chǎo fàn<br>炒饭 | shǔ piàn<br>薯片 | táng guǒ<br>糖果 |
| xiāng cháng<br>香肠 | hàn bǎo bāo<br>汉堡包 | jú zi<br>橘子 | bǐng gān<br>饼干 |

1) shuǐguǒ 水果：hóng sè 红色
2) ròu 肉：huáng sè 黄色
3) kuài cān 快餐：lǜ sè 绿色
4) líng shí 零食：lán sè 蓝色
5) zhōng cān 中餐：zǐ sè 紫色
6) xī cān 西餐：zōng sè 棕色

## B  Answer the questions.

1) nǐ xǐ huan chī shén me shuǐ guǒ
   你喜欢吃什么水果？ _____

2) nǐ xǐ huan chī shén me shū cài
   你喜欢吃什么蔬菜？ _____

3) nǐ xǐ huan chī shén me kuài cān
   你喜欢吃什么快餐？ _____

4) nǐ xǐ huan chī shén me líng shí
   你喜欢吃什么零食？ _____

5) nǐ xǐ huan chī shén me ròu
   你喜欢吃什么肉？ _____

# 第十五课

**A** Group the words into the correct category.

| | | | | | |
|---|---|---|---|---|---|
| lǐ zi<br>李子 | chǎo fàn<br>炒饭 | cǎo méi<br>草莓 | táng guǒ<br>糖果 | rè gǒu<br>热狗 | qiǎo kè lì<br>巧克力 |
| shā lā<br>沙拉 | mǐ fàn<br>米饭 | xī gua<br>西瓜 | táo zi<br>桃子 | chǎo miàn<br>炒面 | yì dà lì miàn<br>意大利面 |

| zhōng cān<br>中餐 | shuǐ guǒ<br>水果 | líng shí<br>零食 | xī cān<br>西餐 | kuài cān<br>快餐 |
|---|---|---|---|---|
| | | | | |

**B** Translate the passage.

wǒ bà ba shǔ gǒu。tā xǐ huan chī ròu。tā xǐ huan chī yáng ròu、niú ròu、
我爸爸属狗。他喜欢吃肉。他喜欢吃羊肉、牛肉、

huǒ tuǐ ròu、jī ròu děng。tā hěn xǐ huan chī niú pái。tā bú tài xǐ huan chī shū
火腿肉、鸡肉等。他很喜欢吃牛排。他不太喜欢吃蔬

cài hé shuǐ guǒ。tā bù xǐ huan chī hú luó bo hé huáng gua。tā yě bù xǐ huan chī
菜和水果。他不喜欢吃胡萝卜和黄瓜。他也不喜欢吃

píng guǒ hé xiāng jiāo。
苹果和香蕉。

第十六课

16-1

A **Write the characters.**

① quǎn
② jiàn
③ qì
④ fēi

⑤ zú
⑥ zǒu
⑦ dīng
⑧ bù

B **Match the two parts of a sentence.**

1) mǎ lù shang rén hé chē
   马路上人和车

2) dì di kàn bu jiàn wǒ,
   弟弟看不见我,

3) tiān shang yǒu
   天上有

4) cān zhuō shang yǒu
   餐桌上有

5) lǜ sè de píng guǒ
   绿色的苹果

6) xiǎo mèi mei cháng cháng kū
   小妹妹常常哭,

a) tā kū le
   他哭了。

b) hěn duō lǐ zi、jú zi hé lí
   很多李子、橘子和梨。

c) dōu duō
   都多。

d) zhēn suān
   真酸。

e) wǒ bù xǐ huan tā
   我不喜欢她。

f) fēi jī, hái yǒu niǎo
   飞机, 还有鸟。

61

# 第十六课

**A** Write the radicals.

1) ☐ napkin  2) ☐ stand  3) ☐ speech  4) ☐ owe

5) ☐ page  6) ☐ silk  7) ☐ illness  8) ☐ clothing

**B** Rearrange the words/phrases to make sentences and write them out.

1) 公共汽车 / 有 / 很多 / 马路上 / 。

→ _____

2) 飞机 / 鸟 / 天上 / 和 / 有 / 。

→ _____

3) 走出 / 了 / 弟弟 / 家门 / 一个人 / 。

→ _____

4) 多 / 马路上 / 真 / 人 / 。

→ _____

5) 校车 / 我 / 坐 / 每天 / 上学 / 。

→ _____

# 第十六课

**A** Find the opposite words in the box and write them out.

| tiān shang | kāi | lěng | duǎn | gāo | pàng | duō | rù | zuǒ |
|---|---|---|---|---|---|---|---|---|
| 天上 | 开 | 冷 | 短 | 高 | 胖 | 多 | 入 | 左 |

1) shòu 瘦 → _____    2) shǎo 少 → _____    3) chū 出 → _____

4) yòu 右 → _____    5) guān 关 → _____    6) rè 热 → _____

7) cháng 长 → _____    8) ǎi 矮 → _____    9) dì shang 地上 → _____

**B** Answer the questions.

1) nǐ jīn nián jǐ suì le    nǐ shàng jǐ nián jí
你今年几岁了？你上几年级？

→ _____

2) nǐ zǎo shang yì bān jǐ diǎn qǐ chuáng    nǐ zěn me shàng xué
你早上一般几点起床？你怎么上学？

→ _____

3) nǐ měi tiān shàng jǐ jié kè    nǐ jīn tiān shàng le shén me kè
你每天上几节课？你今天上了什么课？

→ _____

4) nǐ wǔ fàn yì bān chī shén me    nǐ xǐ huan chī shén me
你午饭一般吃什么？你喜欢吃什么？

→ _____

# 第十六课

**A** Read the phrases, draw pictures and then colour them in.

1)  
lán sè de kǎ chē  
蓝色的卡车

2)  
hóng sè de chū zū chē  
红色的出租车

3)  
huáng sè de gōng gòng qì chē  
黄色的公共汽车

4)  
zǐ sè de fēi jī  
紫色的飞机

**B** Fill in each box with the correct character.

| 步 | 出 | 今 | 很 | 校 | 走 | 多 | 门 | 公 | 卡 |

jīn 今 tiān zǎo shang wǒ yí ge rén zǒu chū le jiā mén 门。mǎ lù shang yǒu hěn 很 duō rén。有的人在说话，有的人在跑 bù 步，有的 rén zài zǒu 走 lù。马路上车真 duō 多，有 gōng 公 gòng qì chē、chū 出 zū chē、kǎ 卡 chē、xiǎo 小 chē 等等。